BEI GRIN MACHT SICH IHR
WISSEN BEZAHLT

- Wir veröffentlichen Ihre Hausarbeit,
  Bachelor- und Masterarbeit

- Ihr eigenes eBook und Buch -
  weltweit in allen wichtigen Shops

- Verdienen Sie an jedem Verkauf

Jetzt bei www.GRIN.com hochladen
und kostenlos publizieren

Daniel Valente

Der IWF und seine transnationale Umwelt

GRIN Verlag

Bibliografische Information der Deutschen Nationalbibliothek:

Die Deutsche Bibliothek verzeichnet diese Publikation in der Deutschen National-
bibliografie; detaillierte bibliografische Daten sind im Internet über http://dnb.d-
nb.de/ abrufbar.

Impressum:

Copyright © 2007 GRIN Verlag GmbH
Druck und Bindung: Books on Demand GmbH, Norderstedt Germany
ISBN: 978-3-640-66879-3

Dieses Buch bei GRIN:

http://www.grin.com/de/e-book/72203/der-iwf-und-seine-transnationale-umwelt

GRIN - Your knowledge has value

Der GRIN Verlag publiziert seit 1998 wissenschaftliche Arbeiten von Studenten, Hochschullehrern und anderen Akademikern als eBook und gedrucktes Buch. Die Verlagswebsite www.grin.com ist die ideale Plattform zur Veröffentlichung von Hausarbeiten, Abschlussarbeiten, wissenschaftlichen Aufsätzen, Dissertationen und Fachbüchern.

Besuchen Sie uns im Internet:

http://www.grin.com/

http://www.facebook.com/grincom

http://www.twitter.com/grin_com

Universität Wuppertal
FB A: Politikwissenschaft
Fach: Sozialwissenschaften
WS 2006 / 07

Veranstaltung: Einführung in die Internationale Politische Ökonomie

Thema der Arbeit:

Der IWF und seine transnationale Umwelt

Eingereicht von:

Valente, Daniel

Studiengang: Lehramt Gym/Ges
Studienfächer: Deutsch/Sozialwissenschaften
Semesterzahl: 5

Abgabedatum: 11.01.2007

Inhaltsverzeichnis

I. Einleitung   S. 2

II. Hauptteil   S. 3-9

        II.1 Verschiedene Sichtweisen   S. 3-4

        II.2 Kritikpunkte   S. 4–8

        II.3 Stellungnahme des IWF   S. 8-9

        II.4 Reformvorschläge / Forderungen der NGOs   S.9

III. Fazit   S. 10

I. Einleitung

Im Jahr 1944 wurde der Internationale Währungsfonds (IWF; engl.: IMF – International Monetary Fund) in Bretton Woods von Vertretern der wichtigsten Industrienationen gemeinsam mit der Weltbank geschaffen. Das Währungssystem sollte reguliert werden, Schuldner sollten in Zukunft positiv mit den ihnen anvertrauten Mitteln umgehen und man wollte Gläubiger zu einem verantwortlicheren Verhalten bringen. Dem grenzüberschreitenden Schuldenverhältnis sollte also die politische Schärfe genommen werden[1].

Sollte sich der wirtschaftliche Austausch in geordneten Bahnen entwickeln, könnte Kriegen die wirtschaftliche Veranlassung genommen werden, so hoffte man in Bretton Woods. Der IWF sollte dabei ausgleichend auf die Währungsbeziehungen wirken, also kurzfristige Zahlungsschwierigkeiten der Mitgliedsländer vermeiden und zur Stabilisierung der Währungen beitragen. Der Fonds, der jahrelang als finanzpolitische Feuerwehr und Garant für Wirtschaftsstabilität gehandelt wurde und nahezu unbeachtet und unkontrolliert von der breiten Öffentlichkeit das Schicksal der Schuldnerländer bestimmt hatte, ist spätestens seit der Asienkrise 1997 ins Blickfeld der Kritik geraten. Seither wird eine ständige Debatte um seine Rolle im künftigen Kurs der Globalisierung geführt[2]. Harsche Kritik erfährt der IWF seit Jahren von verschiedenen Nichtregierungsorganisationen, sog. NGOs (engl.: non-governmental organizations).

Im Folgenden werden die grundlegenden Kritikpunkte und Reformvorschläge der NGOs betrachtet. Um keine einseitige Sicht zu präsentieren, fließen zudem Äußerungen und Stellungnahmen des IWF mit in diese Arbeit ein. Ziel ist es, die wichtigsten Vorwürfe der NGOs darzustellen bzw. zusammenzufassen um daraufhin ein Fazit über die verschiedenen Positionen ziehen zu können.

---

[1] Copur, Burak / Schneider, Ann-Kathrtin: IWF & Weltbank: Dirigenten der Globalisierung. VSA-Verlag, Hamburg 2004.

[2] Hoering, Uwe: IWF & Weltbank. Lamuv Verlag GmbH, Göttingen 1999.

II. Hauptteil

II.1 <u>Verschiedene Sichtweisen:</u>

Der IWF beschreibt sich selbst als eine Institution, die Ihre Arbeit stets hinterfragt und in der Vergangenheit viel offener für gesellschaftliche Organisationen geworden ist. Die steigende Armut des Südens wird als ein sehr großes Problem definiert und der IWF ist der eigenen Ansicht zur Folge nicht im Stande den Kampf gegen die Armut alleine zu gewinnen und fordert von den NGOs eine kooperativere Zusammenarbeit statt ständig wiederkehrender Kritik.[3]

Die Sicht der NGOs spricht dem natürlich klar entgegen. Ich werde im Folgenden Kritikpunkte nennen, meist nehme ich dabei Bezug auf Attac, eine globalisierungskritische Organisation, die den Neoliberalismus der aktuellen Globalisierung kritiert und sich für eine demokratische Kontrolle der Finanzmärkte einsetzt. Natürlich gibt es weitere Nichtregierungsorganisationen, die sich speziell mit verschiedenen Kritikpunkten an den IWF richten, daher soll keineswegs der Anspruch erhoben werden, alle Themenfelder abzudecken.

Die Globalisierungsgegner weisen zunächst auf die drastische Änderung des grundlegenden Engagements des IWF hin, war er doch, wie bereits in der Einleitung erwähnt, einst geschaffen worden, um Zahlungsbilanzprobleme der Mitgliedsländer zu beheben, Wechselkurse zu befestigen, Kapitalströme einzudämmen und Regierungen in finanzpolitischen Fragen beratend zur Seite zu stehen. Diesen Aufgaben widmete er sich aus Sicht der NGOs lediglich bis in die 1970er Jahre. Es kam zu einem Drängen zur Öffnung der Märkte und Privatisierung öffentlicher Sektoren, sowie einer Fokussierung auf die Entwicklungsländer des Südens in den 1980er Jahren. In den Finanzkrisen der 1990er Jahre habe sich der IWF nicht als hilfreich erwiesen, seine Empfehlungen bzw. Auflagen trugen noch eher zur Verschlimmerung der Situation bei. Seit dem sei die Politik des IWF immer mehr an den Interessen der Gläubiger verpflichtet, so wird keine Rücksicht mehr auf die politische Souveränität der Schuldnernationen genommen. Hier sprechen die Organisationen, allen voran Attac, nicht selten von der Entstehung eines Währungsregimes, bei dem die Ideale von Bretton-Woods („[...]weltweite Freiheit und Frieden [...]"[4]) in Vergessenheit geraten sind.

---

[3] Vgl.: http://www.imf.org/external/np/vc/2000/091900.htm Donnerstag, 28. Dezember 2006, 14:34 Uhr.
[4] Rich, Bruce, Environmental Defense Fund, in: Hoering, Uwe: IWF & Weltbank. Lamuv Verlag GmbH, Göttingen 1999, S. 19.

„Und im Kampf gegen die Armut in der Welt sind Weltbank und IWF kaum einen Schritt weiter gekommen. 60 Jahre nach Bretton-Woods zeigt sich immer deutlicher, dass das neue Wirtschaftssystem und die alten Institutionen nicht in der Lage sind, den komplexen entwicklungs- und finanzpolitischen Herausforderungen der heutigen Zeit gerecht zu werden. Die Länder verbinden keine stabilen Währungsbeziehungen, sie tauschen ihre Waren nicht fair miteinander aus, und gesellschaftliche Zerrüttung nährt Bürgerkriege."[5]

II.2 Kritikpunkte:

Ein Vorwurf der NGOs bezieht sich auf den direkten Eingriff des IWF in die Innenpolitik der Kreditnehmer, demnach wird den Transformationsländern eine außenwirtschaftliche Orientierung aufgezwungen, die indirekte Auswirkungen haben kann. So sind IWF-Kredite negativ behaftet und haben Signalwirkung für private Kreditgeber und transnationale Konzerne. Der IWF tritt als „[...] einseitiges finanzielles und ordnungspolitisches Disziplinierungsinstrument des Nordens in der Verschuldungskrise des Südens (auf) [...]"[6]

Des weiteren wird der Mangel an Demokratie in den Entscheidungsstrukturen des IWF kritisiert:

> „[...] den institutionell verankerten Mangel an Demokratie in den Entscheidungsstrukturen, wie er im Missverhältnis zwischen Nord und Süd ebenso zum Ausdruck kommt wie im Missverhältnis zwischen dem Einfluß der Staaten und der Finanzwelt einerseits und der Ohnmacht der Zivilgesellschaft andererseits."[7]

Damit komme ich zu einem der schwerwiegendsten Kritikpunkte der Nichtregierungsorganisationen, der ungleichen Stimmverteilung innerhalb des IWF und die damit verbundene hegemoniale Stellung der USA.

Gilt für die UNO der Leitspruch „one country – one vote" so sprechen Kritiker von dem Leitspruch „one dollar – one vote" des Währungsfonds. Demnach weist die Struktur des Fonds Ähnlichkeiten mit der einer Bank auf, so hängt die Stimmverteilung von der Höhe der Finanzmittel (Quote) ab, die von den Ländern eingezahlt werden müssen. Grundlage dieser Quoten sind das Bruttoinlandsprodukt, der Außenhandel und die Währungsreserven des Mitgliedsstaates. Neben der Stimmverteilung richtet sich auch die Zugriffsmöglichkeit der Länder auf IWF-Kredite nach der jeweiligen Quote.

---

[5] Copur, Burak / Schneider, Ann-Kathrin: IWF & Weltbank: Dirigenten der Globalisierung. VSA-Verlag, Hamburg 2004, S. 8.

[6] Vgl.: Informationsbrief W&E, SD 5 / 1994, in: Hoering, Uwe: IWF & Weltbank. Lamuv Verlag GmbH, Göttingen 1999, S.57.

[7] Vgl.: Informationsbrief W&E, SD 5 / 1994, in: Hoering, Uwe: IWF & Weltbank. Lamuv Verlag GmbH, Göttingen 1999, S.57

Je höher also die Quote, desto höher der Kredit, den ein Land vom IWF bekommen kann.

> „Die Quoten stellen die ökonomische Basis des IWF dar. Da ein reiches Land mit seiner hohen Quote mehr zu dieser Finanzierungsgrundlage beiträgt, muss es, so will es die Logik dieser Institution, auch über mehr Einfluss verfügen. Andererseits erhält jedes Land bei seiner Aufnahme eine gleiche Anzahl an Basisstimmen. Während diese Basisstimmen in Gründerzeiten im Schnitt knapp 12% des Gesamtstimmenanteils ausmachten, und damit einen gewissen ausgleichenden Effekt hatten, ist dieser Anteil auf wenig mehr als zwei Prozent zusammengeschrumpft. Damit hat nur eine Handvoll Länder das Sagen im IWF."[8]

Allein die G-8-Staaten verfügen über knapp mehr als 45% der Stimmen, die USA hat eine Quote von mehr als 17%, die 80 ärmsten Länder der Erde bringen im Vergleich dazu gerade einmal 10% der Stimmen zusammen.

Es bleibt jedoch nicht bei einem bloßen Übergewicht der Industrienationen, da für wichtige Beschlüsse stets eine Mehrheit von 85% der Stimmen erforderlich ist, verfügen die USA über ein faktisches Vetorecht, welches ihnen erlaubt, alle Entscheidungen zu Fall zu bringen, die ihnen missfallen. Entsprechend seiner Entstehungsgeschichte ist der Internationale Währungsfonds aus Sicht der NGOs also eine Organisation, die im Sinne der Industriestaaten handelt und von den USA dominiert wird.

Ein weiterer Punkt, den die Nichtregierungsorganisationen am Währungsfonds kritisieren, sind seine Strukturanpassungsprogramme.

Der sogenannte ‚Washingtoner Konsens' ist im Grunde ein Einsparungsprogramm, das der IWF den überschuldeten Ländern vorschreibt. Die dadurch auferlegten Strukturanpassungen zielen aus Sicht der Kritiker vor allem darauf ab, sicher zu stellen, dass das Schuldnerland seine Schulden abzahlen kann, indem die Ausfuhren erhöht werden. Die geforderten Maßnahmen umfassen unter anderem die Verminderung der öffentlichen Schulden (z.B. durch Subventionsabbau und Kürzung der Staatsausgaben, etwa durch Entlassungen), Zinserhöhungen (um ausländisches Kapital anzulocken und Kapitalflucht zu vermindern), die Liberalisierung des Außenhandels und Abbau von Handels- und Investitionshindernissen, eine Abwertung der einheimischen Währung, die Privatisierung staatlicher Unternehmen und Einrichtungen, Deregulierung der Wirtschaft (also weniger staatliche Kontrolle und Maßnahmen zum Schutz einheimischer Unternehmen) und eine deutliche

---

[8] Copur, Burak / Schneider, Ann-Kathrtin: IWF & Weltbank: Dirigenten der Globalisierung. VSA-Verlag, Hamburg 2004, S. 24 f.

Senkung der Inflationsrate. Dem Währungsfonds wird in diesem Zusammenhang vorgeworfen, die Strukturanpassungsprogramme wie eine Art ‚Check-Liste', nach dem Modell „one size fits all" anzuwenden, da es sich um programmatische, wirtschaftspolitische Maßnahmen für alle Länder handle, bei denen keine Rücksicht auf andere Belange, wie bspw. soziale oder ökologische Folgen, genommen wird. An diesem Punkt entsteht auch zunehmend die Kritik, dass es sich bei den Mitarbeitern des IWF ausschließlich um Wirtschaftswissenschaftler handelt und keine Soziologen oder Politikwissenschaftler vertreten sind, die Situationen von einem anderen Standpunkt aus betrachten und schwerwiegende Folgen der Programme verhindern könnten.

Die mexikanische Nichtregierungsorganisation ‚Equipo PUEBLO'[9] hat im Jahr 1995 eine Studie über die Auswirkungen der Strukturanpassungsprogramme von IWF und Weltbank veröffentlicht, die am Beispiel Mexikos belegen sollte, warum die achtziger Jahre als ein „verlorenes Jahrzehnt" für Lateinamerika gelten. Im Folgenden einige wesentliche Punkte aus dieser Studie:

Die vorgeschriebene Handelsliberalisierung führte zu einem Handeldefizit von 23 Milliarden US Dollar (1993) und vernichtete viele einheimische Industrien, die mit den billigen Importen nicht mithalten konnten. Die Bauern des Landes litten unter der strikten Kreditpolitik, da die Kredite für Landwirtschaft von 1980 bis 1988 um ein Drittel gekürzt wurden. Die Privatisierung und Deregulierung verstärkten die Konzentration des Reichtums. Der Anteil der reichsten 20 Prozent der Bevölkerung am Nationaleinkommen stieg von 48,4% auf 54,2%, der ärmsten 20 Prozent sank von 5% auf 4,3%. Zwischen Dezember 1987 und Mai 1994 stiegen die Lebenserhaltungskosten fast dreimal so schnell wie der Mindestlohn (4,42 US.Dollar am Tag) und zwischen 1980 und 1992 verdreifachte sich die Kindersterblichkeit nahezu und lag damit höher als in den 1970er Jahren. Der Bericht endet damit, dass der einzige Ausweg für die ländlichen und städtischen Armen der Versuch sei, in den Vereinigten Staaten Arbeit zu finden. Den Misserfolg der Strukturanpassungsprogramme machen die NGOs zudem daran fest, dass der Abstand im Durchschnittseinkommen zwischen den reichsten 20 und den ärmsten 20 Prozent der Weltbevölkerung in den siebziger und achtziger Jahren von 32:1 auf 59:1 gewachsen ist.[10]

---

[9] http://www.equipopueblo.org Freitag, 29. Dezember 2006, 14:01 Uhr.
[10] Aus: New Internationalist, Juli 1994, in: Hoering, Uwe: IWF & Weltbank. Lamuv Verlag GmbH, Göttingen 1999, S. 63ff.

Das Missverhältnis zwischen der globalen Machtposition des Internationalen Währungsfonds und der mangelnden Transparenz bzw. öffentlichen Kontrolle seiner Operationen und den daraus resultierenden Konsequenzen seines Handelns schürt die Kritik so weit, dass argentinische Journalisten, von einem „Hood-Robin Modell"[11] (Robin Hood upside down) sprechen, einem Slogan, mit dem auch Attac in der Vergangenheit Aufmerksamkeit erregen wollte. Dabei beziehen sich die Kritiker auf die „Trickle-down" These des IWF, welche besagt, dass, wenn die Reichen immer reicher werden, irgendwann auch etwas für die Armen der Welt abfallen wird - man nimmt den Armen das Geld weg und gibt es den Reichen. Im Grunde geben die NGOs dem Fonds als Hauptgläubiger der ärmsten Länder der Welt inzwischen wesentliche Mitverantwortung für die anhaltende Überschuldungskrise. Das Geld, das nach Washington (Hauptsitz des IWF) zurückfließt, fehlt den Schuldnerländern.

Ein Beispiel dazu liefert Kevin Watkins, Schuldenexperte der britischen Dritte-Welt-Organisation ‚Oxfam'[12]:

Uganda gilt als Musterbeispiel der Strukturanpassung, das Land ist mit über 50% seiner Gesamtschuld bei IWF und Weltbank verschuldet. Die Regierung Ugandas gibt nach Watkins jährlich drei US-Dollar pro Einwohner für sein Gesundheitswesen aus, 17 Dollar jedoch für Zins und Tilgung.

Mit dem Geld, das für Schuldenrückzahlungen ausgegeben wird, könnte laut Oxfam das Leben von ca. 21 Millionen afrikanischen Kindern gerettet und für 90 Millionen Mädchen und Frauen eine Berufsausbildung finanziert werden. Die Schuldner können im übrigen die Forderungen der Gläubiger sowieso nur erfüllen, indem sie andere Mittel zweckentfremden, so gibt das Land bspw. ein Viertel der Entwicklungshilfe der USA und anderer Geber für Schuldenrückzahlungen an Weltbank und IWF aus. Im Grunde sorgen also die Steuerzahler der Industrieländer nach Ansicht Watkins dafür, dass die beiden Organisationen ihr Geld zurück bekommen.[13]

Zusammenfassend lassen sich drei Hauptkritikpunkte der NGOs am IWF festhalten: Der Internationale Währungsfonds versucht demnach, sich durch mangelnde Transparenz seiner Entscheidungsprozesse und durch seine schlechte Informationspolitik unangreifbar gegenüber Kritik von außen zu machen, so dass

---

[11] Hoering, Uwe: IWF & Weltbank. Lamuv Verlag GmbH, Göttingen 1999, S. 71.
[12] http://www.oxfam.org Freitag, 29. Dezember 2006, 14:37 Uhr.
[13] Tetzlaff, Rainer: Weltbank und Währungsfonds – Gestalter der Bretton-Woods-Ära. Leske + Buderich, Opladen 1996.

Nichtregierungsorganisationen eine Erhöhung der Entscheidungstransparenz, bessere Informationspolitik und stärkere Rechenschaftspflicht des IWF fordern.

Der übermäßige Einfluss der großen Industrieländer (vor allem USA) auf Entscheidungen und somit Missbrauch für eigene politische Vorstellungen wird bemängelt. Die globalisierungskritischen NGOs fordern daher eine grundlegende Reform der Entscheidungsstrukturen, der Stimmrechte und Quoten. Als letzter Hauptkritikpunkt werden die Strukturanpassungsprogramme genannt, auf die im Laufe der Ausarbeitung bereits eingegangen wurde.[14]

II.3 Stellungnahme des IWF:

Der IWF geht auf seiner Homepage teilweise auf die Kritik der Nichtregierungsorganisationen ein. Er beschreibt die Globalisierung als einen schnellen, unvorhersagbaren und vor allem kontingenten Prozess, der grundsätzlich Gewinner und Verlierer gleichermaßen schafft. Tiefgreifende Probleme, egal in welchen Themengebieten, seien schon immer schmerzhaft für einige Akteure gewesen, jedoch sieht der IWF auch Probleme, die gelöst werden müssen und fordert daher einen offenen Dialog mit Vertretern der NGOs, wobei er auf ein beidseitiges Verständnis hofft, bei dem die Vorteile der liberalen Märkte und die Nachteile der Vernachlässigten einfließen sollten. Der Währungsfonds kritisiert die typischen Belange bei Treffen mit den einzelnen NGOs, z.B. das Argument, die Reichen würden immer reicher und die Armen immer ärmer. Diese Argumentation führe schließlich zu dem Glauben, Globalisierung sei für die steigende Armut verantwortlich. Diese These ist nach Meinung des Währungsfonds schlichtweg falsch, da Handel generell positive Auswirkungen auf ein Schuldnerland habe. Eine restriktive Handelspolitik führe hingegen zu schlechteren Umständen der bereits verarmten Bevölkerung (als Beispiel nennt der IWF die „inward-looking trade policies" der 1930er Jahre in Lateinamerika).

Die Liberalisierung der Märkte hat demnach in Ländern wie Finnland, Frankreich, Portugal oder Thailand zu durchweg positiven Ergebnissen geführt, diese Chance sollte man den ärmeren Ländern des Südens nicht vorenthalten. Antiglobalisierungs-NGOs stellen den Handel in ihren Ausführungen stets als das zentrale Problem dar, der Fonds hingegen sieht in ihm die einzige Lösung. Das Eingreifen (‚direct investement') multinationaler Unternehmen wird von Seiten der NGOs kritisch

---

[14] Schneider, Ralf: Der IWF und die Neue Internationale Finanzarchitektur (Volkswissenschaftliche Diplomarbeit). Universität Duisburg / Essen, Duisburg 2004.

betrachtet und auch der IWF räumt ein, dass sich in der Vergangenheit einige Konzerne nicht ethisch verhalten hätten, im Grunde aber stets mehr Wachstum und neue Arbeitsplätze für das Land entstünden.

Die NGOs sollten nun, anstatt immer wiederkehrende Kritik zu üben, positiv dazu beitragen, die Armut einzudämmen und gleichzeitig ökonomisches Wachstum zu fördern, denn beides ist nach Ansicht des Internationalen Währungsfonds ergänzend möglich. Dazu bedarf es jedoch einem offenen und ehrlichen Dialog zwischen den oftmals konträren Meinungen.

II.4 Reformvorschläge / Forderungen der NGOs:

Natürlich gibt es eine Reihe weiterer Kritikpunkte und auch viele verschiedenen Reformvorschläge, daher sollten die folgenden Ausführungen als bloßer Ausschnitt betrachtet werden.

Die Nichtregierungsorganisationen fordern mehr Transparenz, diese könnte ihrer Meinung nach z.B. durch die Etablierung von verschiedenen Parlamenten entstehen, welche die Verwendung der Mittel des IWF kontrollieren und nachhaltig beobachten. Die Stimmrechte müssten, wie bereits erwähnt, grundlegend reformiert werden[15] und die neoliberale Strukturanpassungsorthodoxie sollte dem Pluralismus wirtschaftlicher Modelle und Entwicklungswege, bei denen Regierungen und gesellschaftliche Gruppen mehr Mitspracherecht erlangen, weichen. Eine Überschneidung mit den Aufgaben der Weltbank müsste in Zukunft vermieden werden, so dass das Mandat des IWF wieder auf kurzfristige, nicht auflagengebundene Stabilisierungsmaßnahmen, um internationale Liquidität von Krisenländern zu sichern, reduziert wird. Eine neue Möglichkeit wäre die Einrichtung eines Insolvenzverfahrens, das Staaten bei Überschuldung, ähnlich wie bei Privatpersonen, eine Konkurserklärung und somit einen Neuanfang ermöglichen könnte. Außerdem lassen die NGOs nicht von der langandauernden Forderung nach der sog. „Tobin-Steuer"[16] ab[17].

---

[15] Ein Vorschlag einer PDS-Arbeitsgruppe; Siehe dazu: Anhang, Abbildung 1.
[16] http://www.attac.de/tobin/index.php Freitag, 29. Dezember 2006, 15:26 Uhr;
http://www.uni-kassel.de/fb5/frieden/themen/Globalisierung/tobin.html Freitag, 29. Dezember 2006,15:27 Uhr.
[17] Reformvorschläge vgl.: Copur, Burak / Schneider, Ann-Kathrin: IWF & Weltbank: Dirigenten der Globalisierung. VSA-Verlag, Hamburg 2004.
Hoering, Uwe: IWF & Weltbank. Lamuv Verlag GmbH, Göttingen 1999.

III. Fazit

Setzt man sich mit der Kritik der Nichtregierungsorganisationen am IWF auseinander, wird deutlich, dass die NGOs eine Reform des internationalen Finanzsystems anstreben und in diesem Zusammenhang stellt sich die Frage, ob der IWF reformiert, seine Aufgaben mit denen der Weltbank zusammengelegt oder er gar abgeschafft werden sollte.

Radikale Globalisierungsgegner wie bspw. Attac plädieren natürlich für die Abschaffung, da der IWF aus ihrer Sicht bloßer Hebel des US-amerikanischen Imperialismus ist, andere Organisationen (Friends of the Earth; Bretton-Woods Project) sprechen sich für einen veränderten, demokratischen Währungsfonds aus, der ohne Rückgriffe auf Strukturanpassungsprogramme zur Regulierung der Finanzmärkte handelt und den Gebrauch von Kapitalverkehrskontrollen unterstützt.

Dabei muss bedacht werden, dass sich der IWF, im Gegensatz zur Weltbank in jüngster Vergangenheit nicht besonders kooperationswillig gezeigt bzw. verhalten hat.

Quellen:

1. Copur, Burak / Schneider, Ann-Kathrin: *IWF & Weltbank: Dirigenten der Globalisierung.* VSA-Verlag, Hamburg 2004.
2. Hoering, Uwe: *IWF & Weltbank.* Lamuv Verlag GmbH, Göttingen 1999.
3. Isard, Peter: *Globalization and the International Financial System. What's Wrong and What Can Be Done.* Cambridge University Press 2005.
4. Kellermann, Christian: *Die Organisation des Washington Consensus. Der Internationale Währungsfonds und seine Rolle in der internationalen Finanzarchitektur.* Transcript Verlag, Bielefeld 2006.
5. Schneider, Ralf: *Der IWF und die Neue Internationale Finanzarchitektur.* Universität Duisburg – Essen 2004.
6. Tetzlaff, Rainer: *Weltbank und Währungsfonds – Gestalter der Bretton-Woods-Ära.* Leske + Buderich, Opladen 1996.

Internet:

1. http://www.attac.de/index.php
2. http://www.imf.org bzw. http://www.imf.org/external/np/vc/2000/091900.htm
3. http://www.zeit.de/archiv/2001/30/200130_ngo.xml
4. http://www.weed-online.org/themen/02schulden/306814.html
5. http://www.sozialoekonomie.info/Zeitschrift_fur_Sozialokonomie/LeseProben/Page10635/page10635.html#uebersicht
6. http://www.epo.de/index.php?option=com_content&task=view&id=1537&Itemid=34
7. http://www.inwent.org/E+Z/content/archiv-ger/07-2005/schwer_art5.html
8. www.oxfam.de
9. http://www.foe.org
10. www.oxfam.org

Abbildung1:

Reform der Stimmrechte im IWF

Land[2]	Stimmrecht[1]		Unterschied	
	bisher	Reform	In PP	In Prozent
1 USA	17,8	11,2	– 6,6	– 37,2
2 China	2,3	8,7	+ 6,5	+ 281,6
3 Indien	2,1	6,4	+ 4,3	+ 209,7
4 Japan	5,5	6,0	+ 0,5	+ 8,2
5 Deutschland	5,5	3,2	– 2,3	– 41,5
6 Frankreich	5,0	2,2	– 2,8	– 54,3
7 Brasilien	1,5	2,2	+ 0,7	+ 47,8
8 Großbritannien	5,0	2,2	– 2,8	– 56,8
9 Italien	3,1	2,0	– 1,1	– 36,2
10 Indonesien	1,0	1,7	+ 0,7	+ 64,2
G 7	44,8	28,0	– 16,8	– 37,5
G 10 (inkl. Schweiz)	52,0	30,7	– 19,3	– 41,1
EU	28,8	15,9	– 12,9	– 44,7
OECD	63,4	41,5	– 21,9	– 34,6
G 24 (ohne Iran)	12,1	19,0	+ 6,9	+ 56,8
G 77[3]	28,4	52,0	+ 23,6	+ 83,0

[1] auf der Grundlage der Zahlen von 1997
[2] in der Reihenfolge des reformierten Stimmrechtes
[3] ohne 19 kleinere Länder, für die keine vollständigen Daten vorliegen
Nach UNDP und DGVN (1999: 168ff., 214ff, 231ff), eigene Berechnungen.

Eine demokratische Neuordnung der Stimmrechte im IWF sollte die ökonomische Potenz eines Landes nicht ignorieren, aber auch nicht zum alleinigen Maßstab machen. Daneben sollte auch die Zahl der Menschen eine Rolle spielen, die in einem Land leben. Darüber hinaus wird hier vorgeschlagen, zusätzlich zu diesen beiden Kriterien die Fortschritte bei der qualitativen Entwicklung zu berücksichtigen. Sie lässt sich ansatzweise mit Hilfe des Index der menschlichen Entwicklung darstellen, in dem neben dem Prokopfeinkommen auch qualitative Kriterien wie Gesundheit und Bildung zu Buche schlagen. Wenn die relative Position der Mitgliedsländer bei diesen drei Bezugsgrößen jeweils zu einem Drittel gewichtet wird, ergibt sich folgende Neuverteilung der Stimmrechte: Durch eine solche Stimmrechtsreform würden die vier bevölkerungsreichsten Entwicklungsländer in die Gruppe der zehn Länder mit dem größten Stimmrecht aufrücken. Insgesamt würde die Neugewichtung zu einer erheblich gleichmäßigeren Verteilung von Stimmen und Einfluss führen und die gegenwärtige drastische Dominanz der Industrieländer (allein 45 Prozent der Stimmen für die G 7 Länder!) beenden. In Verbindung mit einer Senkung der Mindestmehrheit bei wesentlichen Entscheidungen von 85 Prozent auf 75 Prozent ergibt sich eine Struktur, die Majorisierungen oder Blockierungen erschwert und zum Versuch zwingt, Verständigung und Ausgleich herbeizuführen.

Quelle: *http://www.bundestag.de/gremien/welt/glob_end/11_3_2_2.html*